Ma moyenne sectio
avec T'choupi

Écriture
Maths
Explorer le monde

Le cahier de :

....

....

Illustrations de
Thierry Courtin

Avec des activités de
Stéphanie Grison
Professeure des écoles
Anne Popet
Conseillère pédagogique

Nathan

Sommaire

Une double page **d'autocollants** à la fin du cahier pour réaliser les activités.

ÉCRITURE

MATHS

© Nathan 2020 – ISBN : 978-2-09-193377-1

EXPLORER LE MONDE

Les lignes horizontales

C'est parti !

Relie les 2 points comme sur le modèle.

Modèle

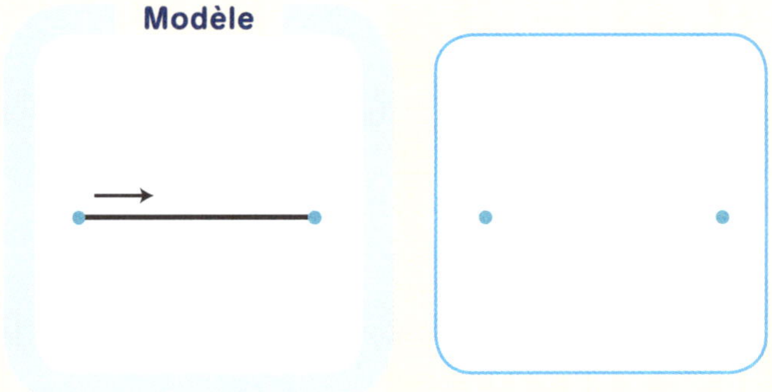

Repasse sur les lignes blanches de l'armoire, du mur et du camion en partant des points rouges.

BOITE À MOTS : l'armoire – le camion – la chambre

Repasser sur des pointillés

C'est parti !

Repasse sur les pointillés du livre.

Modèle

Repasse sur les pointillés autour de T'choupi et de sa maitresse.

BOITE À MOTS : la maitresse – l'élève – la classe

Les lignes verticales

C'est parti !

Relie
les deux points
comme
sur le modèle.

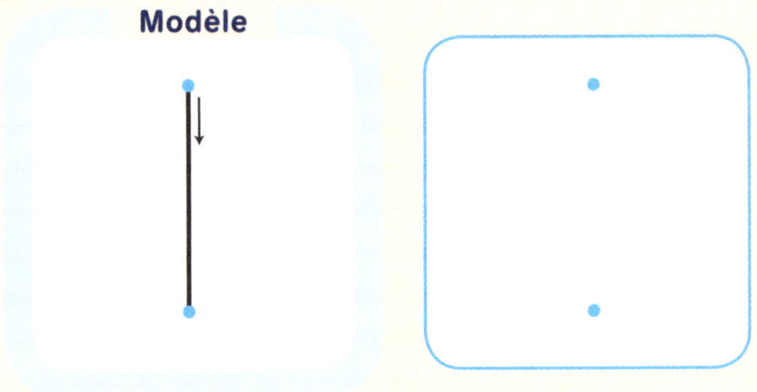

Termine les barreaux du lit de Fanni en partant des petits points rouges.

BOITE À MOTS : le lit à barreaux – la couette – l'oreiller

Les lettres E, F et I

C'est parti !

Repasse
sur chaque lettre.

Modèle

E F I

E F I

Colle les lettres E, F et I puis écris les lettres qui manquent dans la phrase.

E F I

FANNI MANGE.

. ANN . MANG . .

BOITE À MOTS : la chaise haute – le repas – le bavoir

Je me prépare
à écrire
des lettres rondes.

Les ronds

C'est parti !

Repasse
sur les pointillés
pour dessiner
un rond.

Modèle

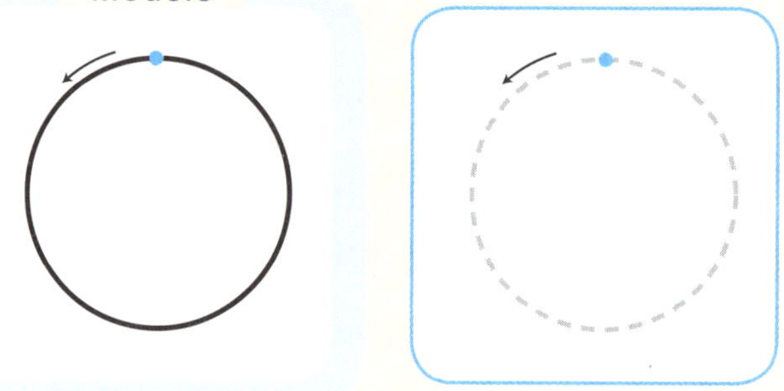

Colle un ballon devant T'choupi et Lalou puis dessine un ballon devant les deux autres enfants.

BOITE À MOTS : devant – entre – derrière

Je sais tracer à l'intérieur d'une forme.

Tracer à l'intérieur d'une forme

C'est parti !

Trace 2 traits à l'intérieur de la forme comme sur le modèle.

Modèle

Trace le quadrillage des paniers en t'aidant du modèle.

BOITE À MOTS : un panier – faire les courses – un portemonnaie

Je sais écrire les lettres C, O et D.

Les lettres C, O et D

C'est parti !

Repasse sur chaque lettre.

Modèle

C O D

C O D

Colle les lettres C, O et D dans les cases, puis écris les lettres qui manquent dans la phrase.

C O D

T'CHOUPI DORT.

T' . H . UP . . . RT.

BOITE À MOTS : la sieste – l'oreiller – le doudou

Les lignes rayonnantes

C'est parti !

Trace
les rayons
du soleil.

Modèle

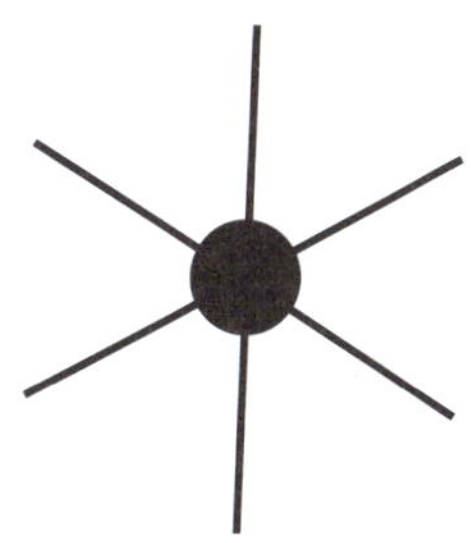

Repasse sur les lignes grises pour terminer les toiles d'araignée.

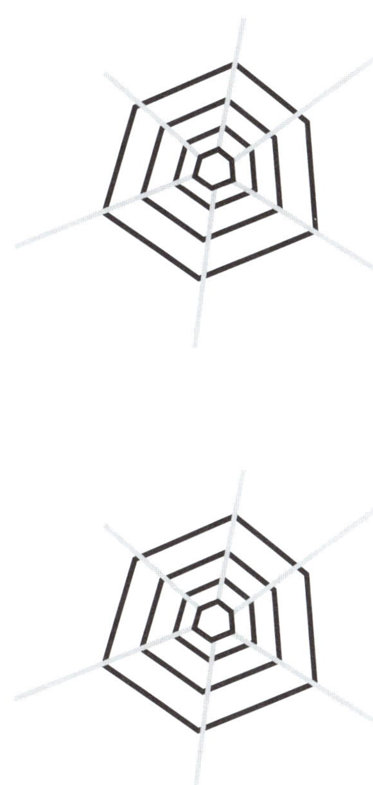

BOITE À MOTS : la forêt – la toile d'araignée – le buisson

Les ponts

C'est parti !

Trace
un pont
comme sur
le modèle.

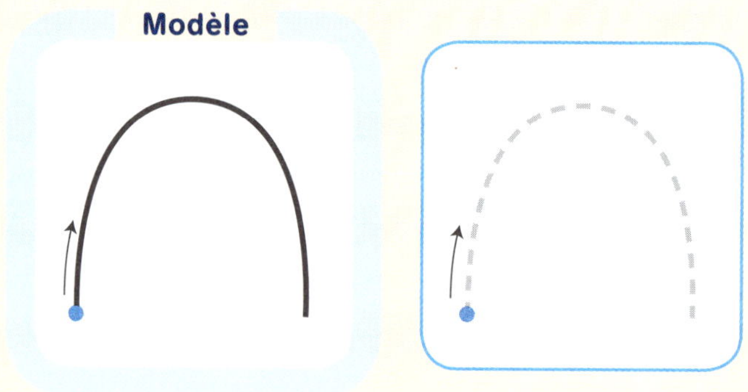

Repasse sur les pointillés des sauts des kangourous.

BOITE À MOTS : le kangourou – les sauts – faire des bonds

Reproduire un dessin simple

C'est parti !

Continue le dessin comme sur le modèle.

Modèle

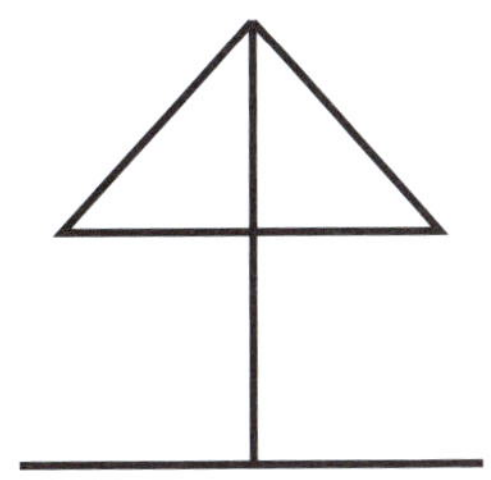

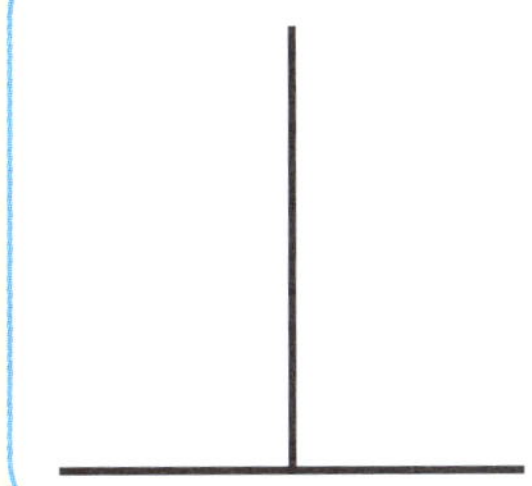

Colle l'autocollant qui correspond à chaque dessin, puis reproduis chaque ustensile de cuisine à côté de son modèle.

BOITE À MOTS : la bouteille – l'assiette – le verre – le bol

Les lignes brisées

C'est parti !

Trace la ligne comme sur le modèle.

Modèle

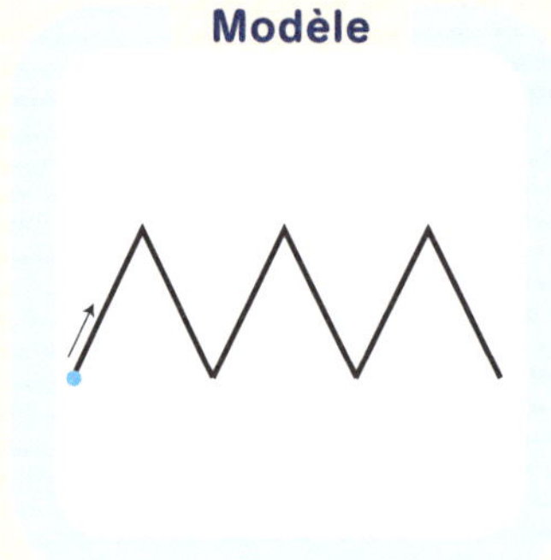

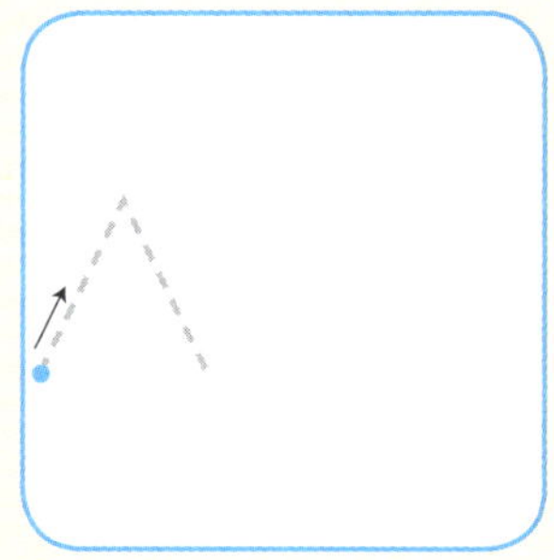

Trace les chemins des bébés animaux jusqu'à leurs mamans.

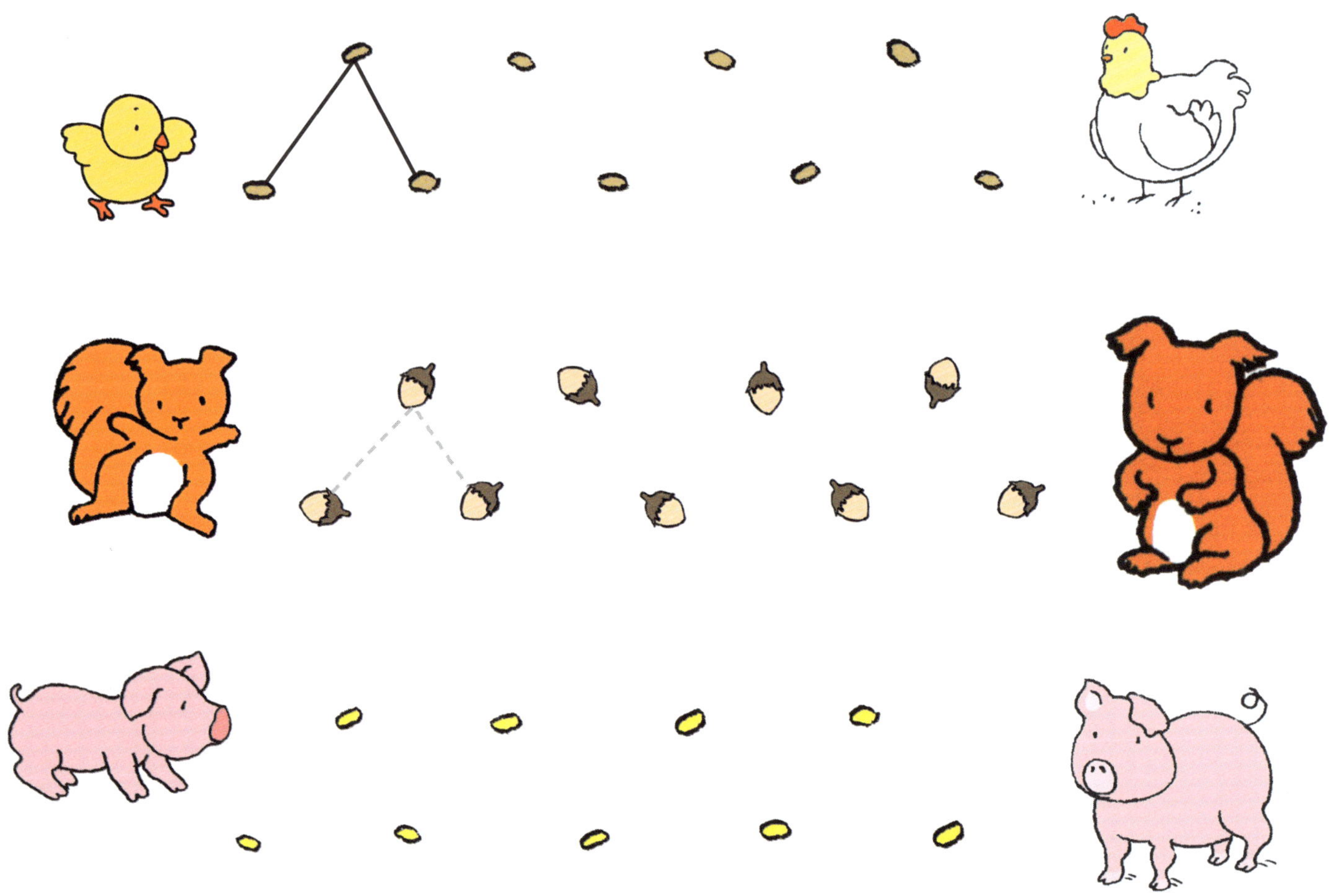

BOITE À MOTS : le poussin – l'écureuil – le porcelet

Les petits motifs

C'est parti !

Reproduis les dessins comme sur le modèle.

Modèle

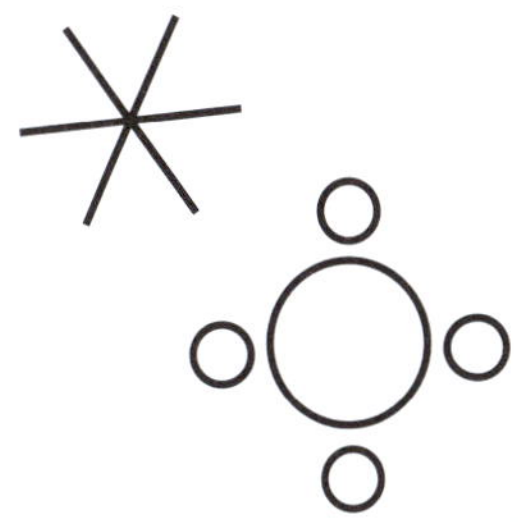

Complète le gilet de T'choupi, le pull de maman et la nappe avec les motifs correspondants.

BOITE À MOTS : le gouter – la nappe – les biscuits – le jus d'orange

Les ponts à l'envers

C'est parti !

Trace
un pont retourné
comme
sur le modèle.

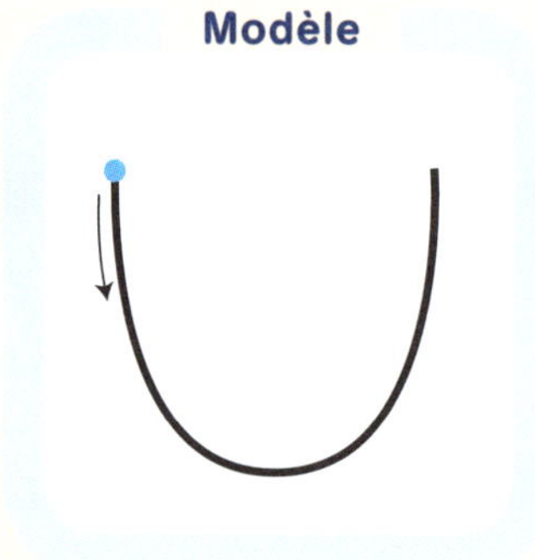

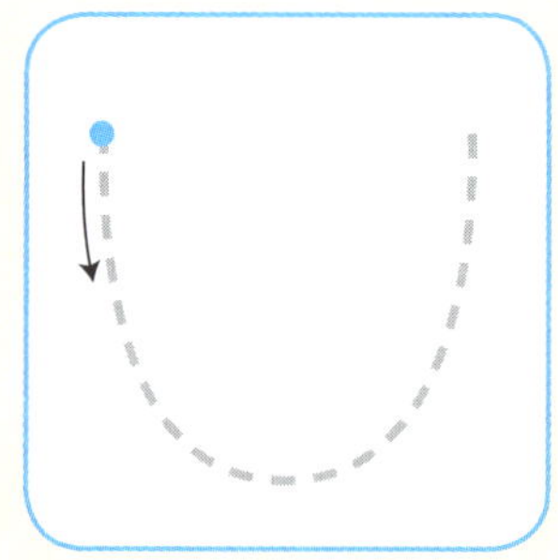

Dessine les tuiles du toit de la maison de T'choupi en suivant les pointillés qui partent des points noirs.

BOITE À MOTS : les tuiles – le toit – les fenêtres

Les lettres A, V et W

C'est parti !

Repasse sur chaque lettre.

Modèle

A V W

A V W

Entoure les lettres A, V et W dans les mots et écris les lettres qui manquent à la place des points.

VÉLO . . L .

CLOWN . L . . N

VACHE . . CH .

BOITE À MOTS : le vélo – le clown – la vache

Colorier sans dépasser

C'est parti !

Colorie la forme sans dépasser.

Modèle

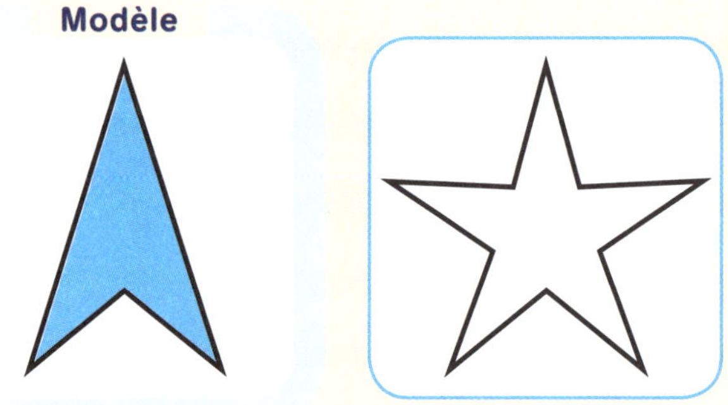

Colorie la rivière en bleu sans dépasser.

BOITE À MOTS : la rivière – la canne à pêche – l'hameçon – pêcher

Les lignes obliques

C'est parti !

Trace des lignes comme celle du modèle.

Modèle

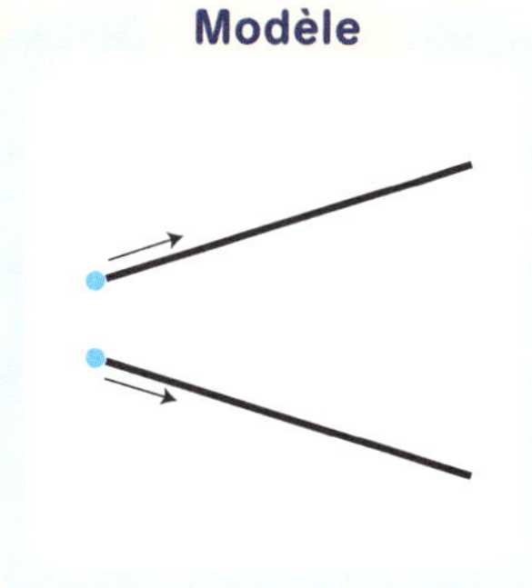

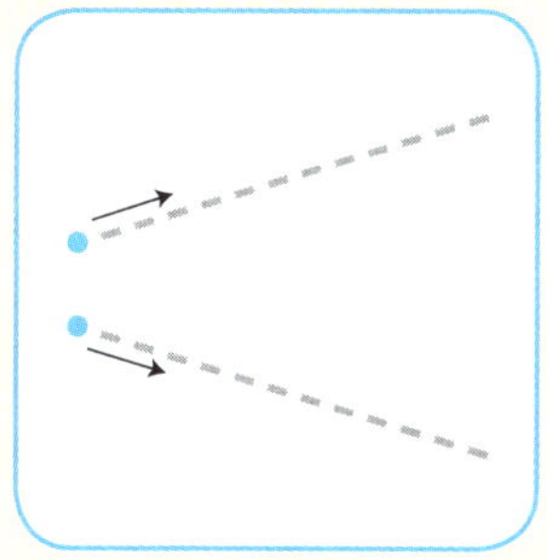

Trace des lignes obliques de T'choupi jusqu'à Lalou, puis jusqu'au chalet.

BOITE À MOTS : le skieur – le chalet – les montagnes

Les lettres H, L et T

C'est parti !

Repasse sur chaque lettre.

Modèle

H L T

H L T

Colorie uniquement les lettres H, L et T.

H L T E

F H V L

BOITE À MOTS : l'alphabet – les lettres – le mot

Les vagues

C'est parti !

Trace des vagues comme sur le modèle.

Modèle

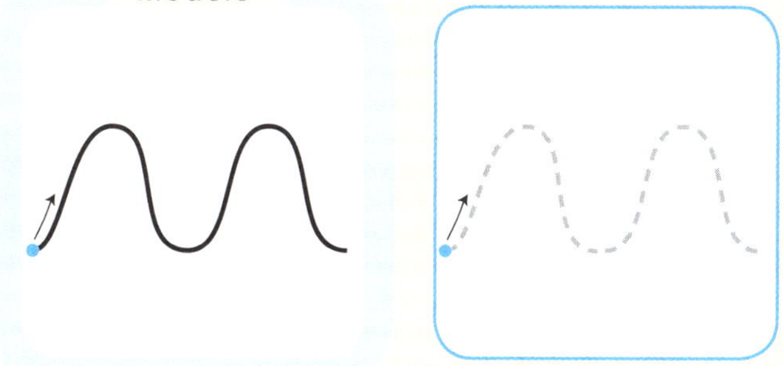

Dessine des vagues pour tracer le chemin de chaque animal.

BOITE À MOTS : le chat – la souris – le chien

Les lettres B, P et R

C'est parti !

Repasse sur chaque lettre.

Modèle

B P R

B P R

Trouve les lettres B, P et R dans les mots PINCEAU et CARTABLE et relie-les aux lettres identiques. Puis écris chaque mot seul(e).

B P R

PINCEAU CARTABLE

. . N . . . .

BOITE À MOTS : le pinceau – la peinture – le cartable

Les spirales

C'est parti !

Trace une spirale comme sur le modèle.

Modèle

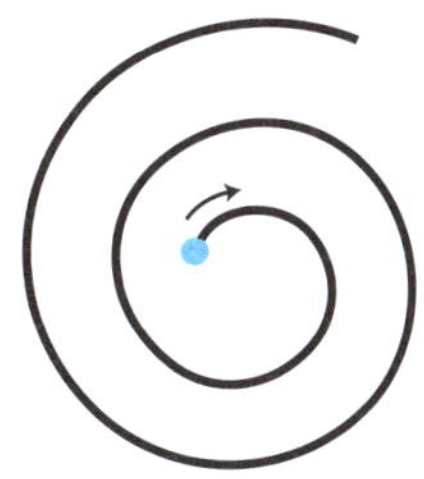

Dessine deux spirales à la place des yeux de la citrouille d'Halloween.

BOITE À MOTS : le magicien – la citrouille – Halloween

Je trace des boucles de bas en haut.

Les boucles de bas en haut

C'est parti !

Dessine une boucle de bas en haut.

Modèle

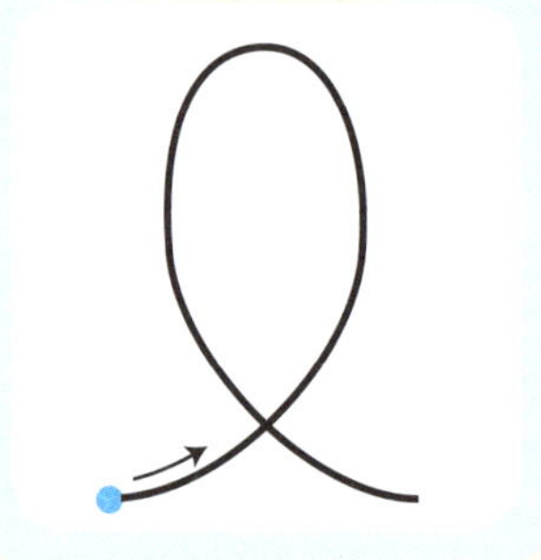

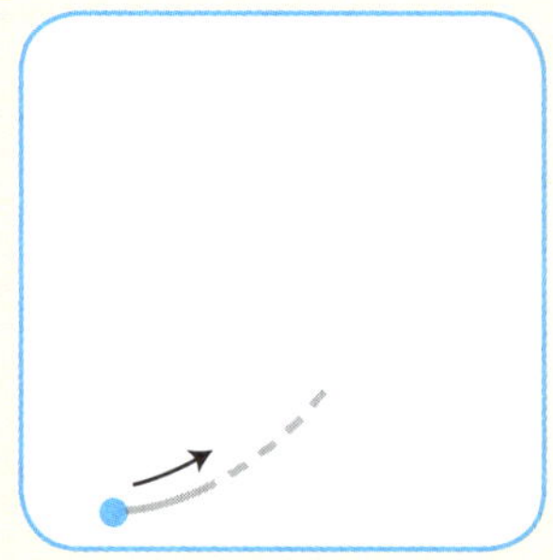

Repasse sur le fil gris de l'ordinateur puis sur celui en pointillés que tu continues jusqu'à la maman de T'choupi.

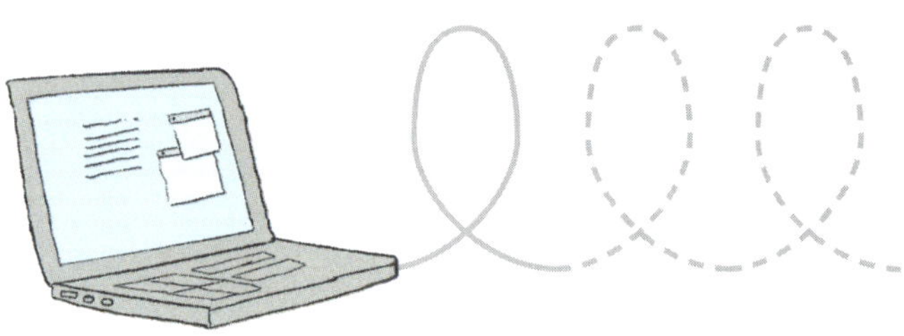

BOITE À MOTS : l'ordinateur – l'écran – le clavier

Les lettres K, M et N

C'est parti !

Repasse
sur chaque lettre.

Modèle

K M N

K M N

Colle les lettres K, M et N et repasse sur toutes les lettres K, M et N que tu vois dans la phrase.

K M N

MAMAN AIME LE SKI.

BOITE À MOTS : skier – le ski – la skieuse

Je connais le sens de l'écriture.

Tracer dans le sens de l'écriture

C'est parti !

Relie les points comme sur le modèle.

Modèle

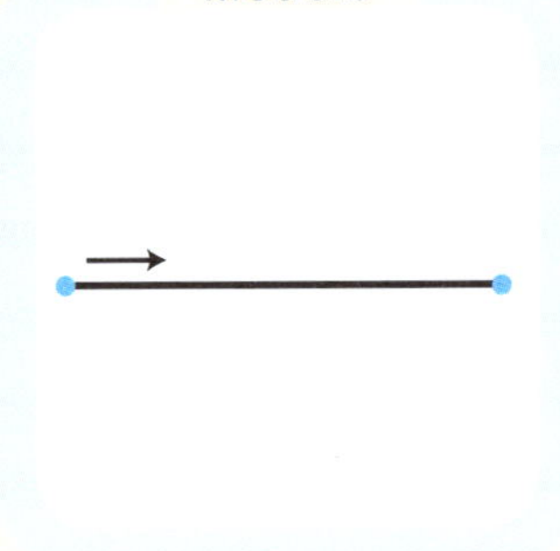

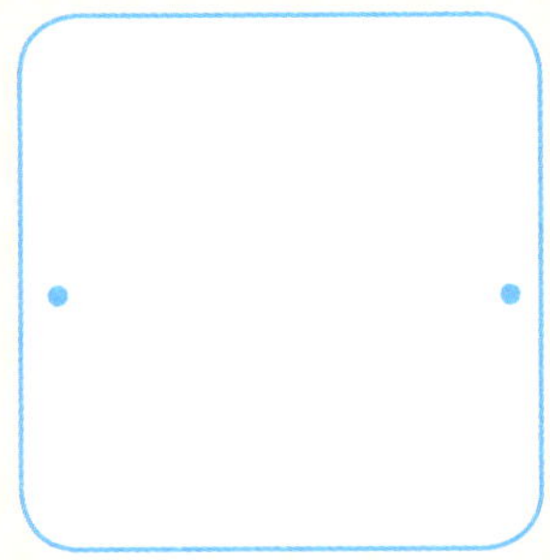

Repasse sur les différents chemins.

BOITE À MOTS : la musique – le parasol

Je sais tracer des boucles du haut vers le bas.

Les boucles de haut en bas

C'est parti !

Trace une boucle de haut en bas.

Modèle

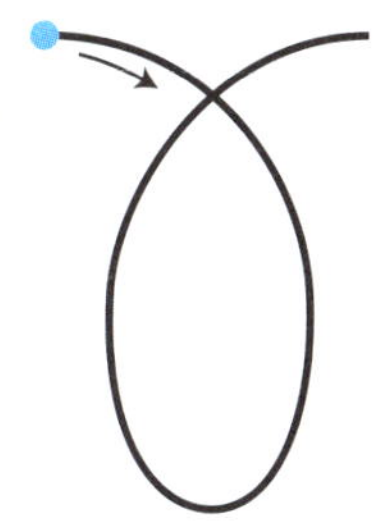

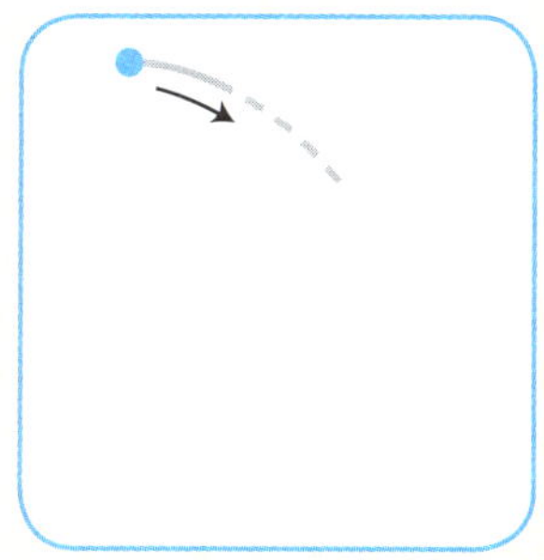

Dessine les traces laissées par l'avion de T'choupi dans le ciel.

BOITE À MOTS : l'avion – le pilote – des loopings

Je sais reproduire un cercle à l'intérieur d'un autre.

Les cercles concentriques

C'est parti !

Dessine
2 ronds
à l'intérieur
du grand rond.

Modèle

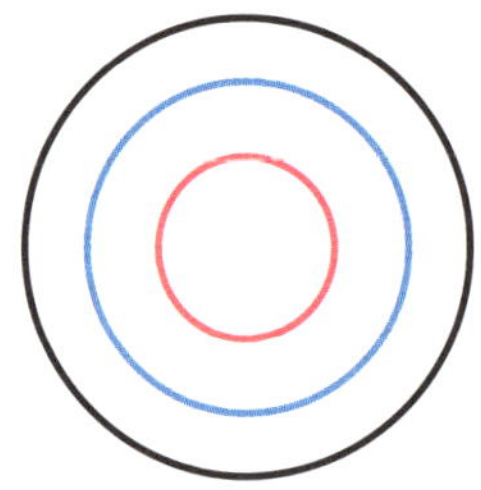

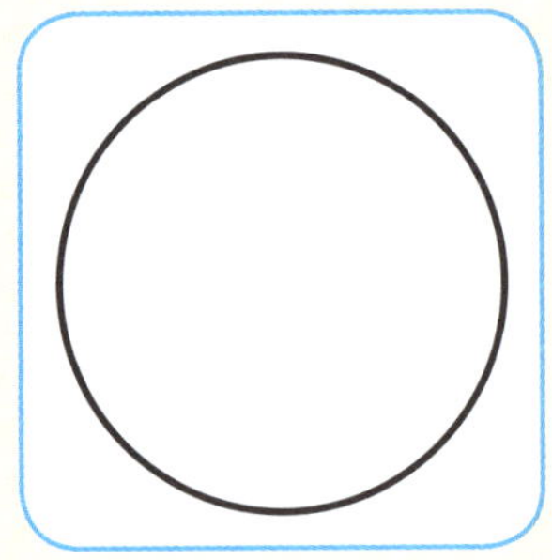

Reproduis le dessin qui se trouve sur le ballon de T'choupi, à l'intérieur des ballons ci-dessous.

BOITE À MOTS : le ballon – jouer – le football

Je sais recopier des phrases.

Les phrases simples

C'est parti !

Recopie le mot.

Modèle

BOL

. . .

Recopie la phrase.

T'CHOUPI FAIT LE MARCHÉ.

T'CHOUPI FAIT LE MARCHÉ.

BOITE À MOTS : les lettres – un mot – une phrase

Compter jusqu'à 3

C'est parti !

Colle l'autocollant qui a 3 framboises.

Modèle

Entoure 3 chatons.

Le carré, le triangle et le cercle

C'est parti !

Colle
un carré,
un cercle et
un triangle.

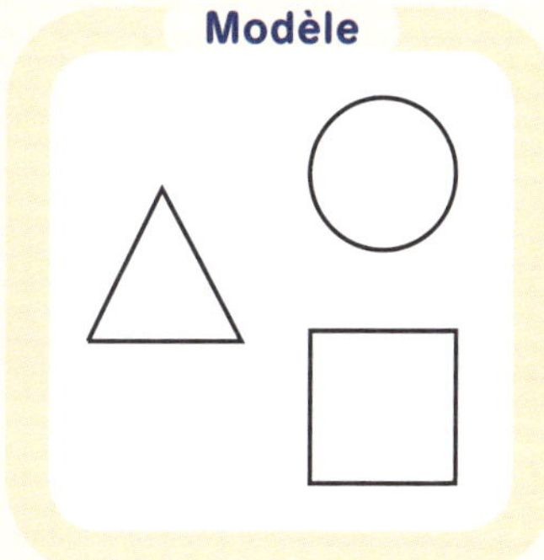

Colorie les différentes formes en suivant le code.

Du plus grand au plus petit

C'est parti !

Entoure le marteau le plus grand en vert et le plus petit en rouge.

Modèle

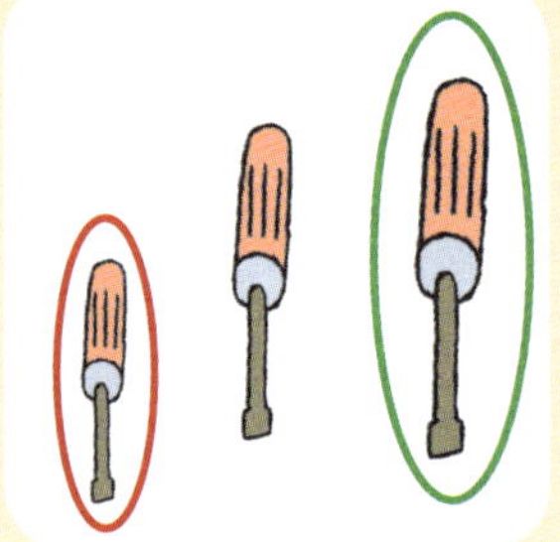

Numérote les lions du plus grand au plus petit en les reliant au bon nombre.

1 3 2

Je sais dénombrer jusqu'à 3.

Les quantités de 1 à 3

C'est parti !

Compte les pinceaux et relie chaque groupe au bon dé.

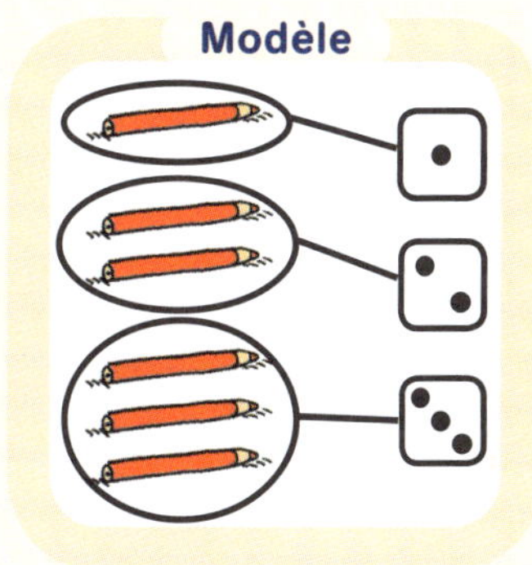

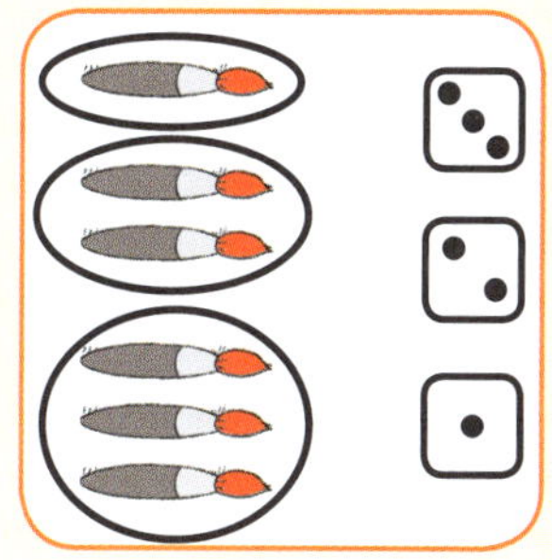

Compte le nombre de peluches de chaque ensemble et relie-les aux mains qui ont le même nombre de doigts levés.

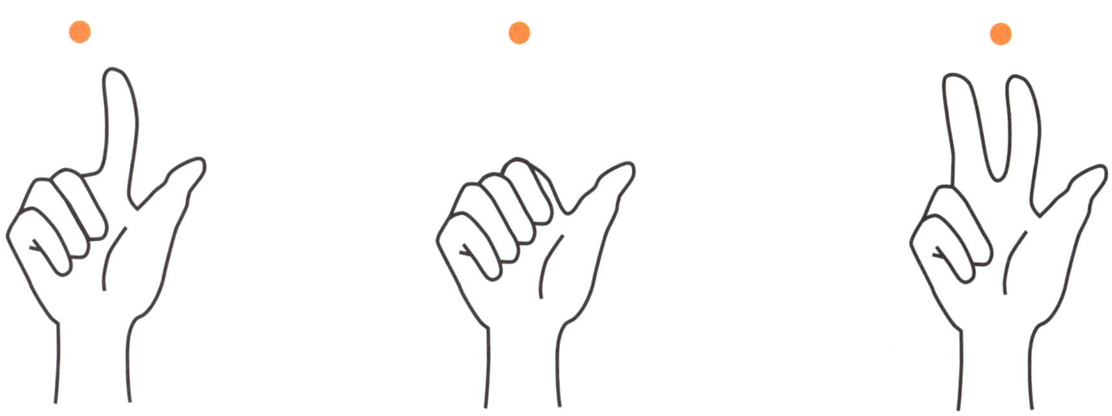

Plus que

C'est parti !

Colle un autocollant pour qu'il y ait plus de papillons que de fourmis.

Entoure le bonnet de T'choupi sur lequel il y a le plus de flocons.

Devant et derrière

C'est parti !

Colorie en rose le cercle qui est devant le rectangle et en vert celui qui est derrière.

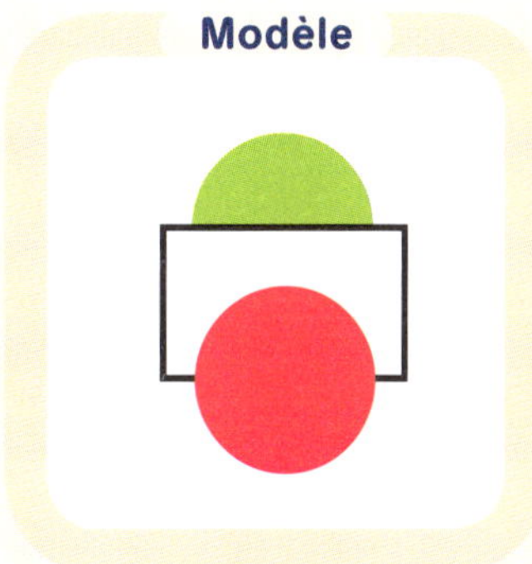

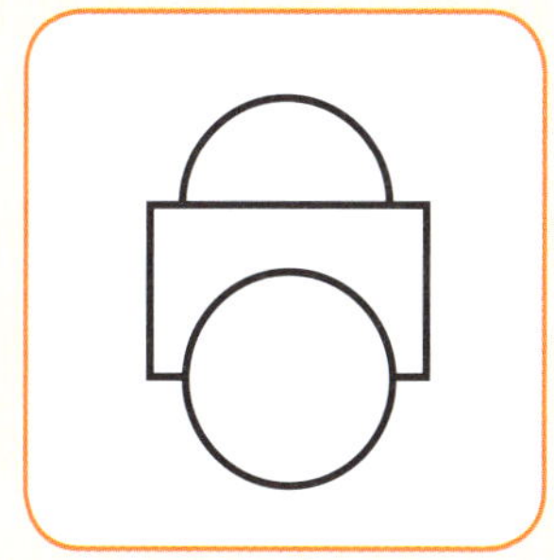

Colle un biberon et un mobile devant Fanni, et un hochet derrière elle.

Je sais constituer des ensembles.

Les ensembles

C'est parti !

Entoure ensemble les biscuits.

Modèle

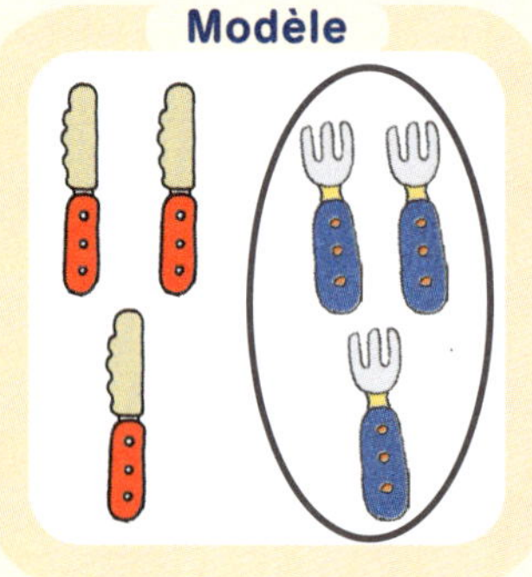

Entoure ensemble tous les vêtements, puis ensemble tous les instruments de musique.

Dedans et dehors

C'est parti !

Colorie en rouge les pommes qui sont dans le rectangle.

Colle un lapin dans le clapier et des poussins en dehors.

Compter jusqu'à 5

C'est parti !

Colle
5 étoiles.

Modèle

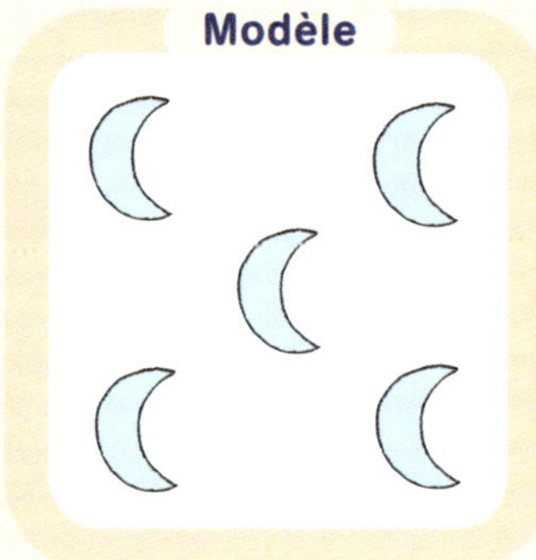

Colorie 4 kangourous et 5 crocodiles.

Moins que

C'est parti !

Entoure
le groupe
où il y a le moins
d'éléments.

Modèle

Entoure les paniers dans lesquels il y a moins de pommes que dans celui de T'choupi.

Le labyrinthe

C'est parti !

Trace le chemin pour aller de la pomme à la fraise.

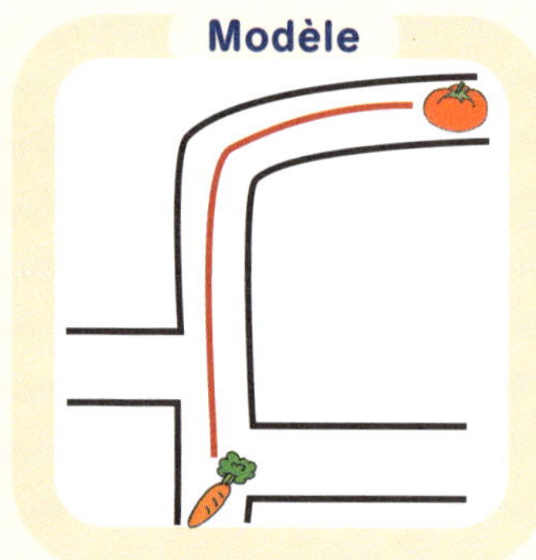

Trace le chemin que doit prendre T'choupi pour rejoindre Pilou.
Tu dois passer devant un buisson fleuri, deux oiseaux et un vélo.

Reconnaitre des ombres

C'est parti !

Entoure
la bonne ombre.

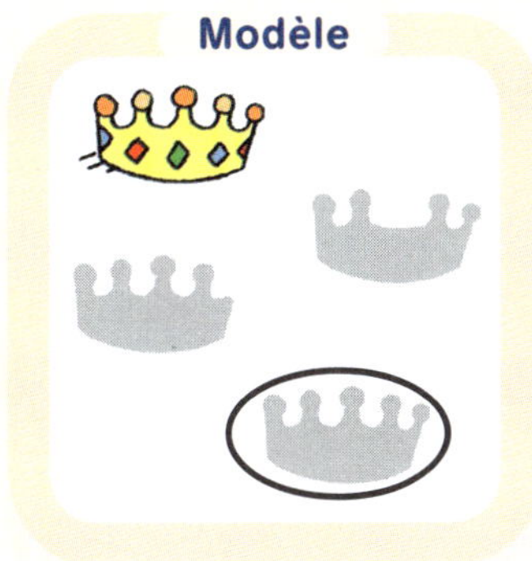

Colle l'autocollant de chaque véhicule sur l'ombre qui lui appartient.

Je sais associer un chiffre à une quantité.

Associer des chiffres à leur quantité

C'est parti !

Colle le chiffre correspondant au nombre de coquillages.

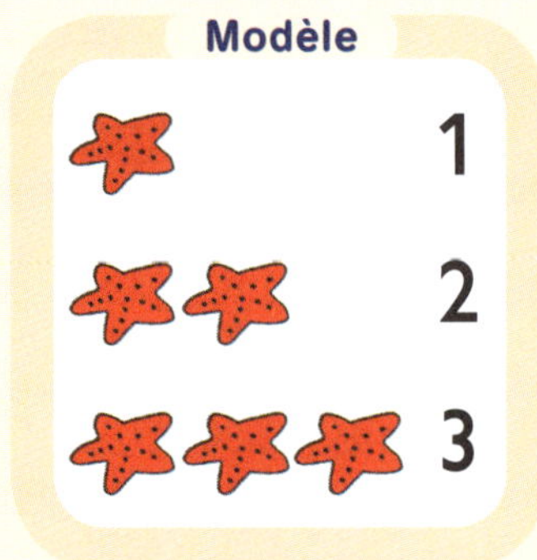

Barre les chiffres qui ne correspondent pas à ce que tu vois sur le dessin.

Autant que

C'est parti !

Entoure autant de biberons qu'il y a de bavoirs.

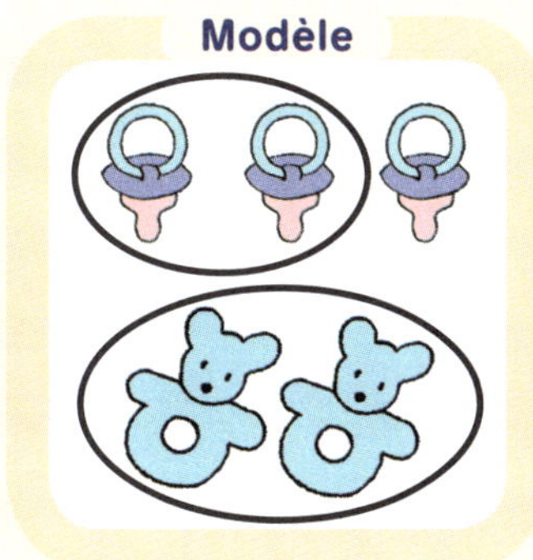

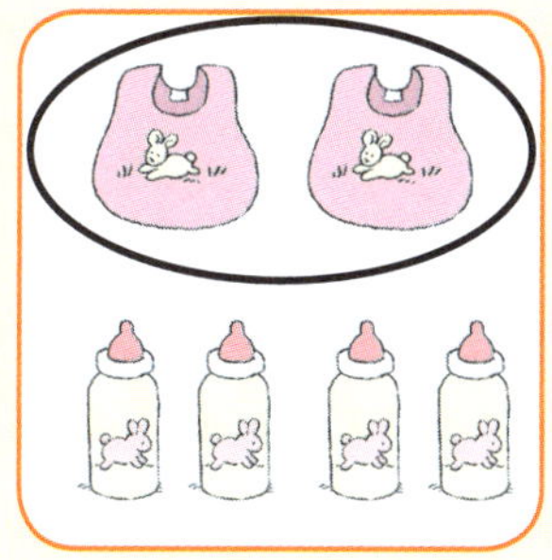

Entoure les dominos où il y a autant d'objets que de points.

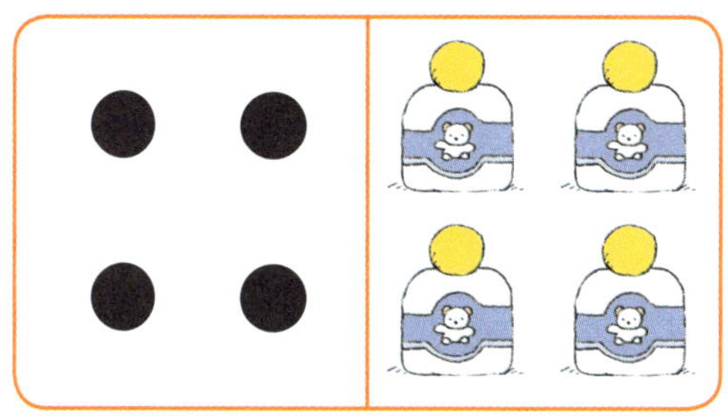

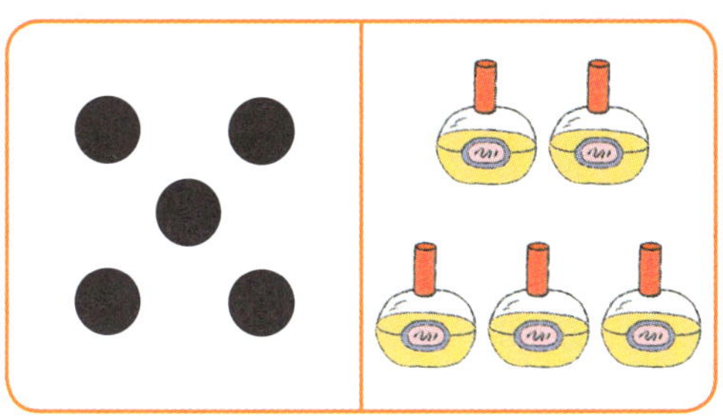

En haut et en bas

C'est parti !

Colorie en vert le cercle en haut du toboggan et en bleu celui qui est en bas.

Modèle

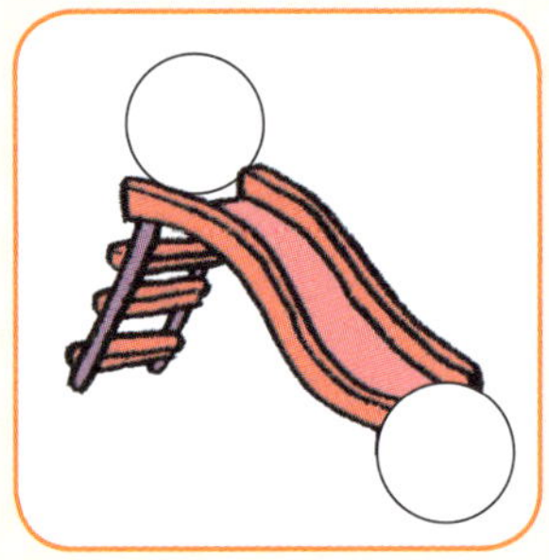

Colle deux oiseaux en haut du mur et un chat en bas.

Compter jusqu'à 6

C'est parti !

Dessine
6 cercles.

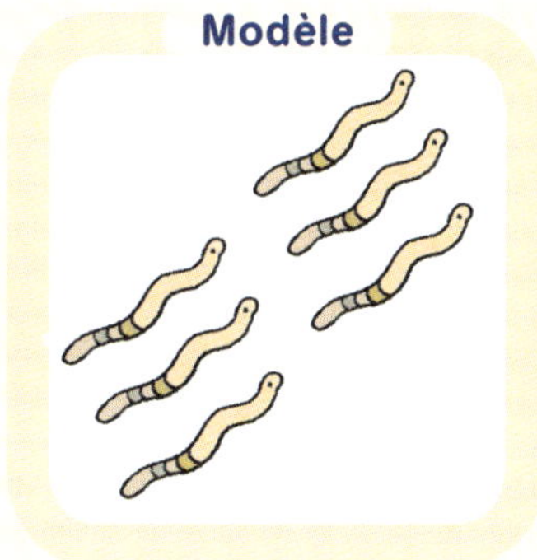

Observe bien le code et colorie le nombre d'éléments demandés.

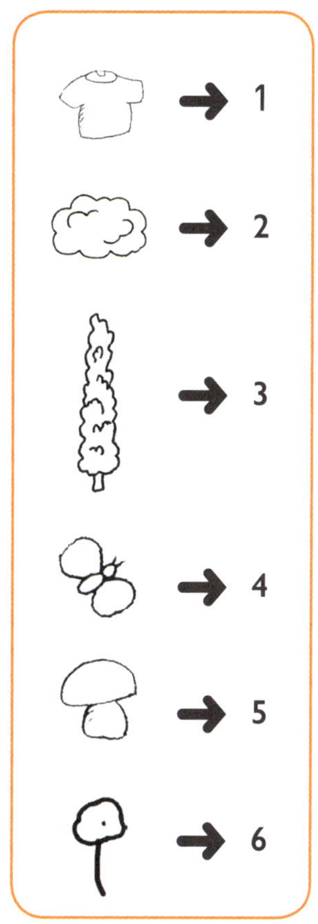

Poursuivre une frise

C'est parti !

Observe l'ordre des couleurs et poursuis la frise.

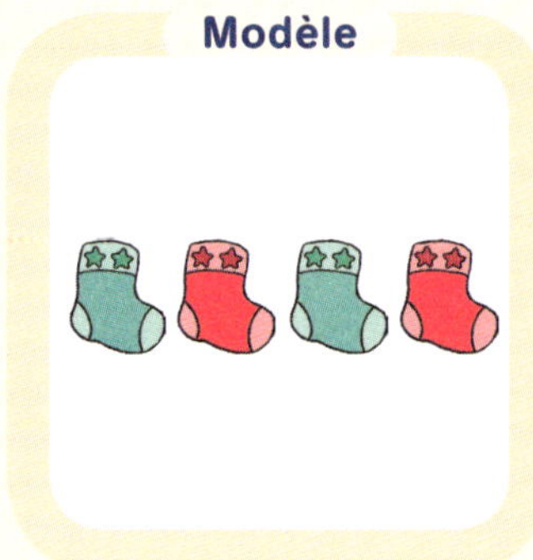

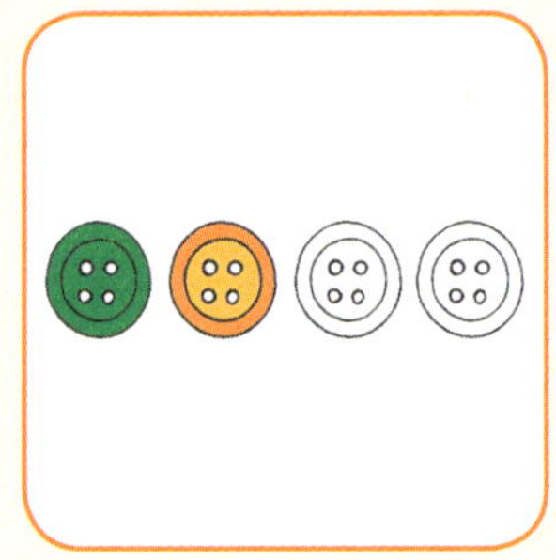

Observe le début de la guirlande et termine-la en respectant l'ordre des couleurs.

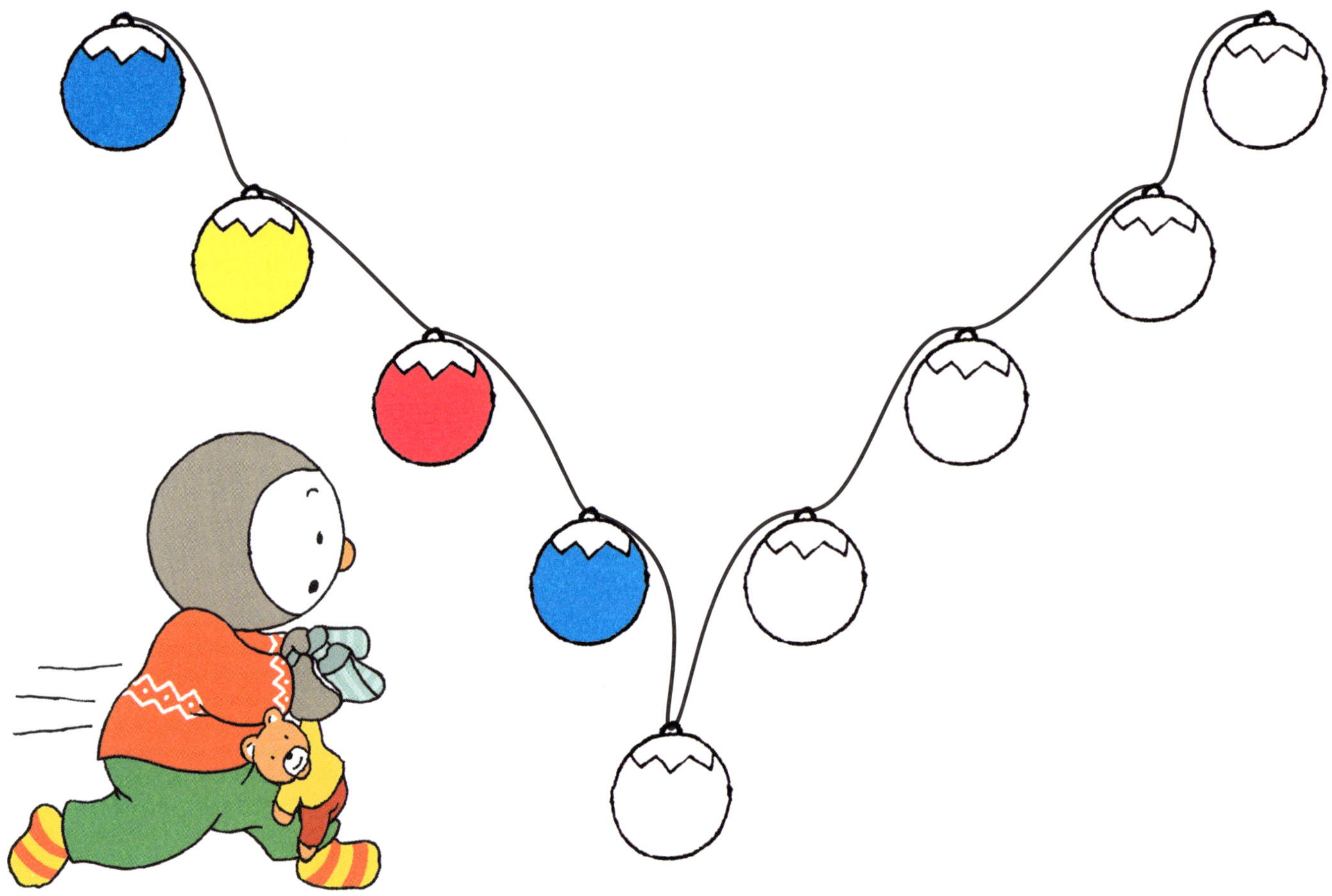

Le tableau à double entrée

C'est parti !

Complète le tableau en t'aidant du modèle.

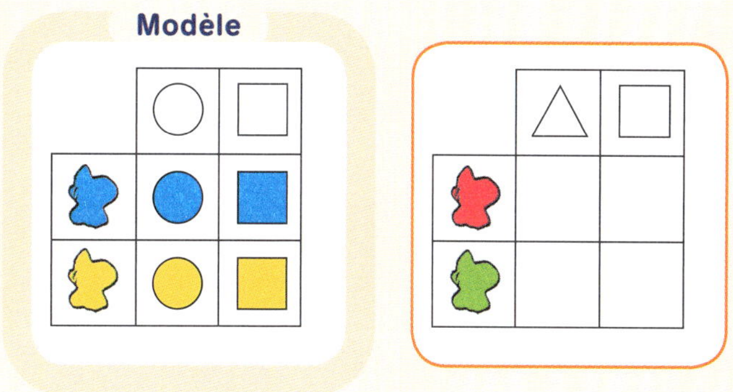

Complète le tableau avec les autocollants.

Compter jusqu'à 8

C'est parti !

Entoure
8 grenouilles.

Modèle

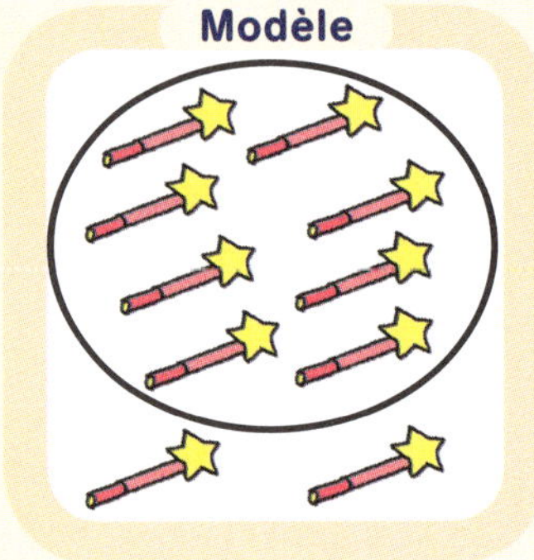

Colle des œufs de Pâques pour qu'il y en ait 8 en tout.

Je sais reconnaitre le premier et le dernier élément.

Le premier et le dernier

C'est parti !

Entoure en bleu la limace qui est arrivée en premier et en rouge la dernière.

Colorie en vert le pull de l'enfant qui arrivera le premier au bonhomme de neige et en bleu celui qui arrivera en dernier.

Compter jusqu'à 10

C'est parti !

Barre des bonbons pour qu'il en reste 10.

Modèle

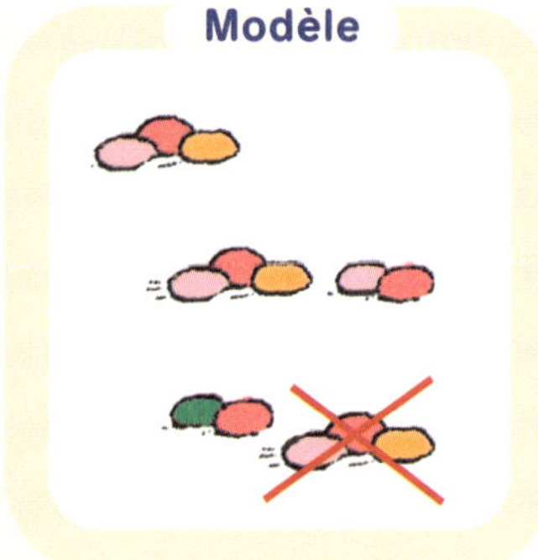

Entoure 10 jouets dans la chambre de T'choupi.

Le code chiffré

C'est parti !

Colorie selon le code.

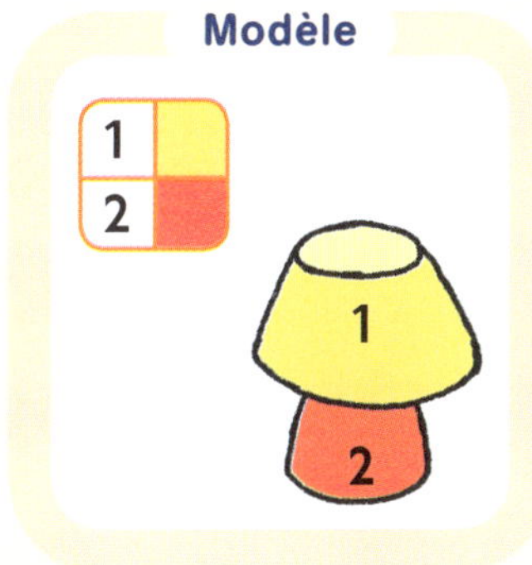

Observe le code et colorie le dessin.

La frise numérique

C'est parti !

Colle
le chiffre
qui manque.

Modèle

1 →	2 ↙
3 →	4

1	2
•	4

Écris les chiffres dans l'ordre.

1	2	3	4	5	6	7	8	9	10

Les figures semblables

C'est parti !

Entoure
les deux éléments
identiques.

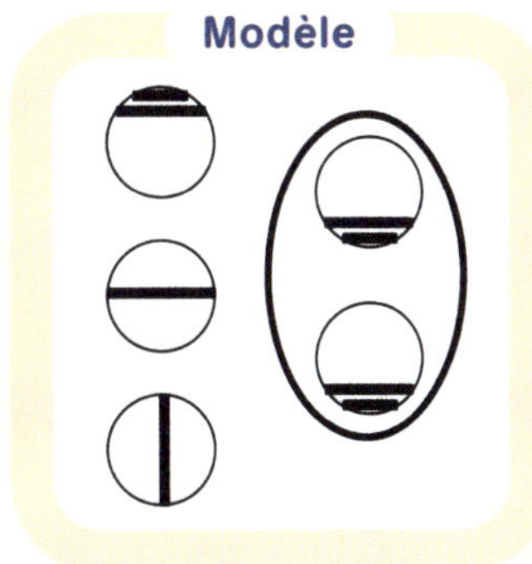

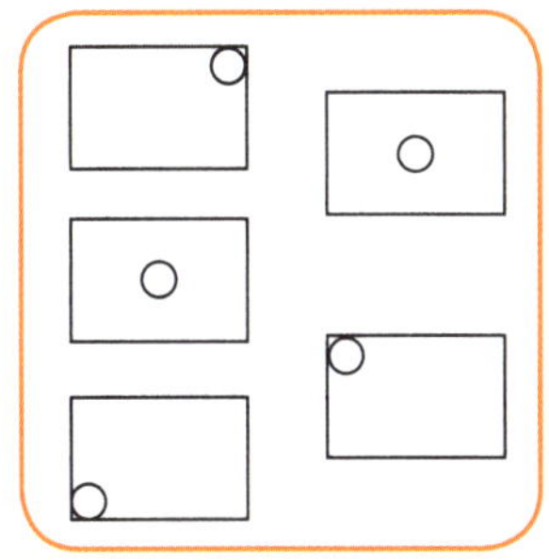

Observe les fruits et colorie de la même couleur ceux qui sont identiques.

La comptine numérique

C'est parti !

Compte à haute voix tous les doigts.

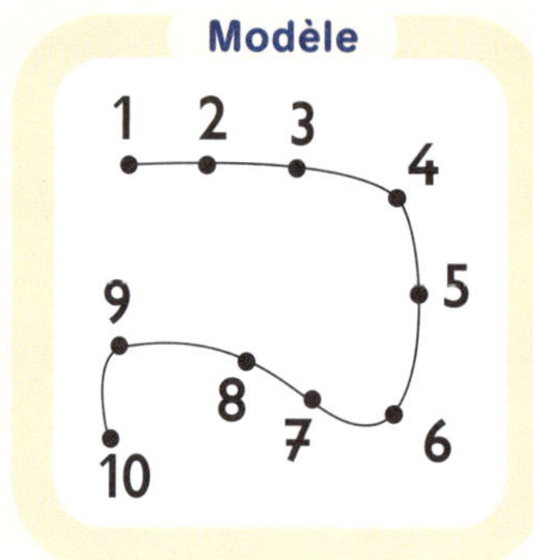

Relie les points de 1 à 10 pour faire apparaitre le dessin.

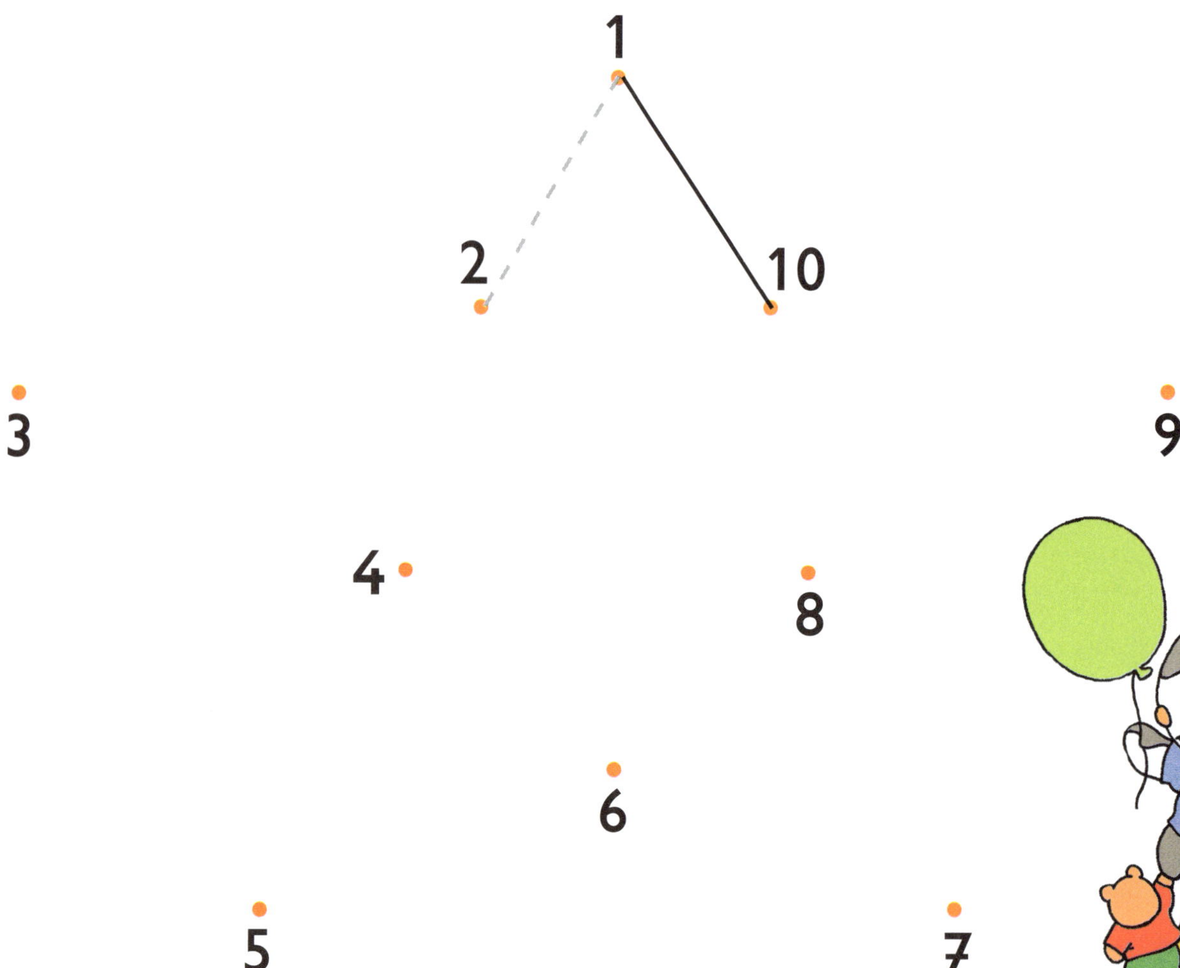

Se repérer dans un espace

C'est parti !

Colle un ballon au même endroit que sur le modèle.

Modèle

Observe le modèle et colle les autocollants au bon endroit dans le décor.

Modèle

La gare

C'est parti !

Colorie l'objet que l'on peut voir dans un train.

Modèle

Entoure ce qui se trouve dans une gare.

BOITE À MOTS : le contrôleur – les billets – composter – le panneau d'affichage

Je reconnais des animaux du zoo.

Les animaux du zoo

C'est parti !

Colorie l'animal sauvage qui peut vivre dans un zoo.

Modèle

Entoure les animaux que l'on peut voir au zoo.

BOITE À MOTS : le chimpanzé – le zèbre – l'ours – le loup – l'hippopotame

Je connais
les différentes parties
du corps.

Le corps

C'est parti !

Dessine
ton visage
et tes cheveux.

Modèle

Observe bien T'choupi et, avec les autocollants, reconstitue-le.

BOITE À MOTS : la tête – la main – le bras – la jambe – le pied

Le temps qui passe

C'est parti !

Trouve un autocollant qui montre ce que devient l'œuf.

Modèle

Relie les images dans l'ordre du déroulement de la journée de T'choupi.

1

2

3

4

BOITE À MOTS : le piquenique – la promenade – le sac à dos

Je connais bien
l'univers du jardin.

Au jardin

C'est parti !

Colle
un légume
qu'on peut trouver
dans le jardin.

Modèle

Colle les photographies des outils que tu vois sur le dessin.

BOITE À MOTS : la brouette – le râteau – la pelle – l'arrosoir

Les animaux et leurs petits

C'est parti !

Colorie le petit de la vache.

Modèle

Relie chaque petit à sa mère.

BOITE À MOTS : le faon – l'ânon – l'oison – le renardeau

La musique

C'est parti !

Colorie l'instrument de musique.

Modèle

Entoure les instruments de musique.

BOITE À MOTS : le piano – la trompette – la harpe – les cymbales

Les cinq sens

C'est parti !

Colorie l'objet que l'on peut sentir.

Modèle

Relie chaque élément à l'organe des sens de T'choupi qui convient.

BOITE À MOTS : la rose – le téléphone portable – la peluche – la glace – la télévision

Les animaux dans leur milieu

C'est parti !

Entoure l'animal qui vit dans l'eau.

Modèle

Colle les autocollants des animaux à l'endroit où ils vivent.

BOITE À MOTS : la pêche à la ligne – la canne à pêche – l'hameçon

Les outils

C'est parti !

Entoure l'outil du peintre.

Modèle

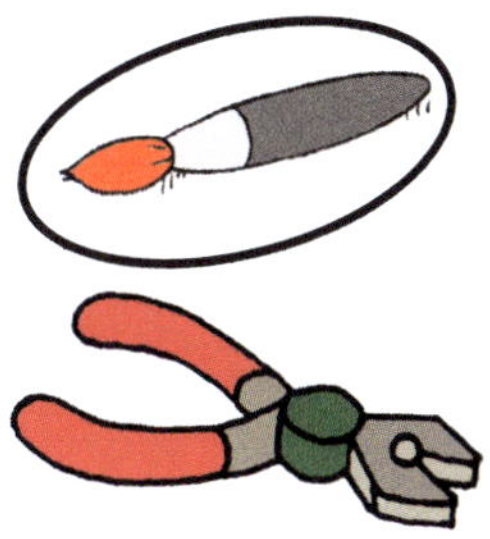

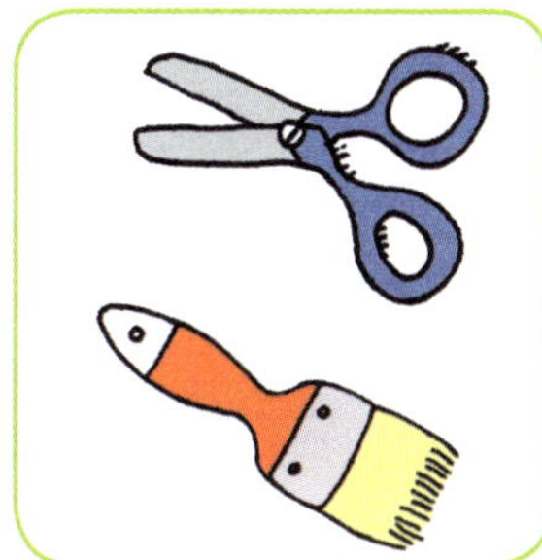

Relie les outils à la personne qui les utilise.

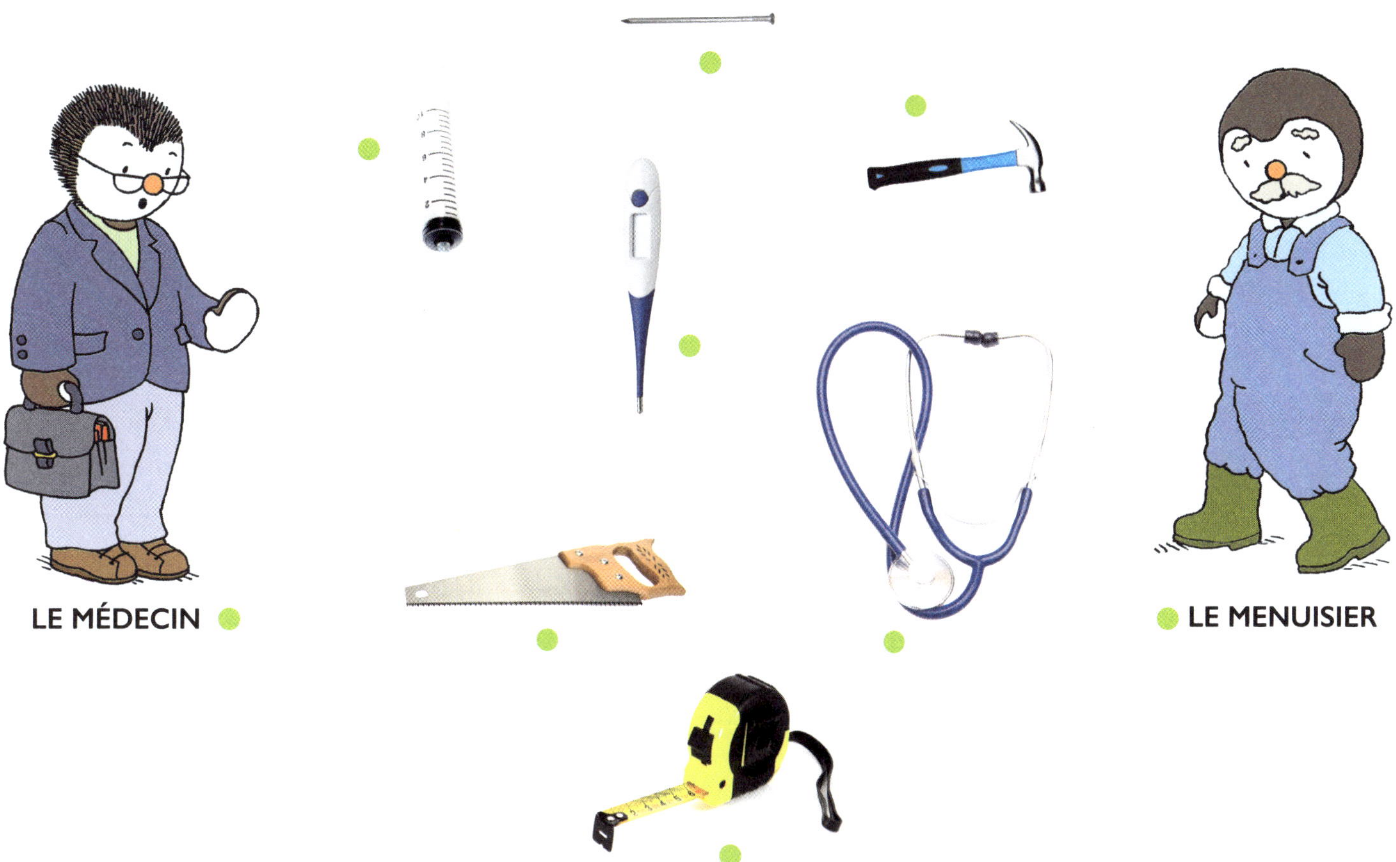

BOITE À MOTS : la scie – le marteau – le thermomètre – le stéthoscope – la seringue – le clou – le mètre

La ville

C'est parti !

Entoure
ce que l'on
peut voir en ville.

Modèle

Entoure les éléments que T'choupi peut voir en ville.

BOITE À MOTS : le lampadaire – les feux tricolores
– le passage pour piétons – le taxi

Les matériaux

C'est parti !

Entoure l'objet en papier.

Modèle

Colorie les différents dessins en suivant le code :

- l'objet en bois ➜ (marron)
- l'objet en verre ➜ (bleu)
- l'objet en tissu ➜ (rose)
- l'objet en plastique ➜ (jaune)
- l'objet en métal ➜ (vert)

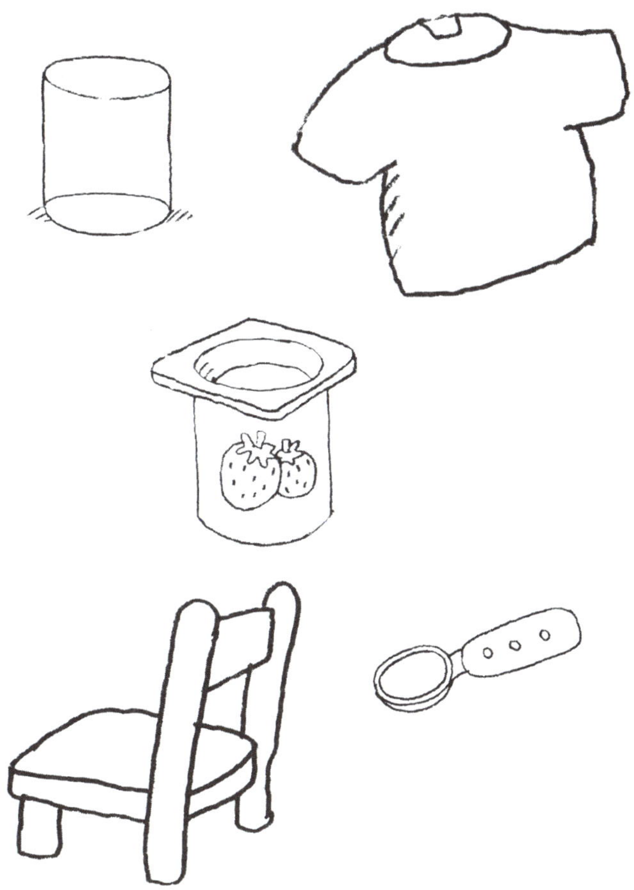

BOITE À MOTS : le bois – le métal – le tissu – le plastique – le verre

Grandir

C'est parti !

Entoure la petite fille la plus âgée des deux.

Modèle

Selon la taille de T'choupi, relie chaque dessin du personnage au gâteau d'anniversaire qui convient.

BOITE À MOTS : le bébé – l'enfant – l'adulte – grandir

Je connais
le cycle des saisons.

Le cycle des saisons

C'est parti !

Entoure ce qu'on trouve en automne.

Modèle

Relie les images des saisons aux numéros pour les ranger dans le bon ordre.

1

2

3

4

BOITE À MOTS : le printemps – l'été – l'automne – l'hiver

Je connais les étapes de transformation de la grenouille.

L'évolution de la grenouille

C'est parti !

Colorie une autre grenouille.

Modèle

Replace dans l'ordre les étapes de l'évolution de la grenouille en reliant chaque photographie au chiffre correspondant.

1

2

3

4

BOITE À MOTS : l'œuf – le têtard – la grenouille

Je reconnais les ingrédients d'une recette.

Une recette de cuisine

C'est parti !

Entoure l'objet qui sert à cuisiner.

Modèle

Demande à un adulte de te lire la recette et entoure les aliments dont on a besoin pour la réaliser.

La recette du gâteau au chocolat

Faire fondre 200 g de chocolat dans une casserole.
Ajouter 100 g de sucre, 4 jaunes d'œufs et 100 g de farine.
Verser 200 g de beurre fondu.
Battre les blancs d'œufs et les verser sur les autres ingrédients.
Faire cuire au four 45 minutes à 180° C.

BOITE À MOTS : la recette – les ingrédients – les ustensiles

Les animaux qui vivent la nuit

C'est parti !

Entoure l'animal qui vit la nuit.

Modèle

Entoure les animaux qui vivent la nuit.

BOITE À MOTS : la chauvesouris – la chouette – la luciole

J'apprends
à connaitre
la montagne en été.

La montagne en été

C'est parti !

Entoure
une image
qui représente
un arbre en été.

Modèle

Entoure les paysages qu'on peut voir l'été en montagne.

BOITE À MOTS : le troupeau – la marmotte – le chalet

Je connais les jours de la semaine.

Les jours de la semaine

C'est parti !

Retrouve le même autocollant comme pour le modèle.

Modèle

MARDI	JEUDI
MARDI	

Colle les autocollants au bon endroit.

BOITE À MOTS : le jour – la semaine – le weekend

D'où viennent les aliments ?

C'est parti !

Entoure ce que donne l'orange.

Modèle

Relie chaque produit à l'élément dont il est issu.

BOITE À MOTS : l'huile d'olive – la sauce tomate – la compote – le lait

De l'œuf au poussin

C'est parti !

Entoure la maman du poussin.

Modèle

Remets dans l'ordre les dessins en traçant un trait entre l'image et le chiffre correspondant.

2 1 3

BOITE À MOTS : pondre un œuf – couver – sortir de la coquille

Je connais
les différents états
de l'eau.

L'eau

C'est parti !

Barre l'élément qui ne contient pas d'eau.

Modèle

Colle les autocollants sous chaque photographie pour dire si l'eau y est liquide, solide ou gazeuse.

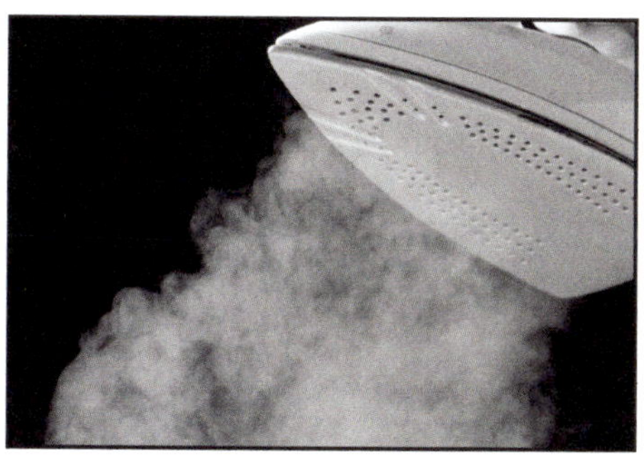

BOITE À MOTS : le fer à repasser – le givre – l'eau – la vapeur d'eau – l'iceberg

J'apprends à respecter les règles de sécurité dans la rue.

La rue

C'est parti !

Trouve un autocollant où T'choupi fait bien attention dans la rue.

Modèle

Colorie en rouge quand T'choupi fait une action dangereuse.
Colorie en vert quand il n'agit pas dangereusement.

BOITE À MOTS : traverser – le trottoir – la rue – le passage piéton

J'apprends à connaitre la vie des plantes.

La vie d'une plante

C'est parti !

Entoure l'élément qui peut naitre des graines.

Modèle

Remets dans l'ordre les photographies de la vie d'une plante en traçant un trait entre l'image et le chiffre correspondant.

1	2	3	4

BOITE À MOTS : la graine – les racines – la tige – la feuille

Crédits photographiques : p. 57 : singe : © Eric Isselée/Shutterstock ; coq : © Subbotina Anna/Shutterstock ; loup : © Maxim Kulko/Shutterstock ; ours brun : © Eric Isselée/Shutterstock ; hippopotame : © oxystel/Shutterstock ; zèbre : © Eric Isselée/Shutterstock ; agneau : © Eric Isselée/Shutterstock – **p. 60 :** brouette (autocollant) : © Luminis/Shutterstock ; râteau (autocollant) : © Estelle Mialon ; pelle (autocollant) : © TRINACRIA PHOTO/Shutterstock ; transplantoir (autocollant) : © Pablo Eder/Shutterstock ; tondeuse (autocollant) : © Simon Krzic/Shutterstock ; arrosoir (autocollant) : © Lana Langlois/Shutterstock – **p. 61 :** biche : © Vishnevskiy Vasily/Shutterstock ; ânesse : © Eric Isselée/Shutterstock ; renarde : © Eric Isselée/Shutterstock ; oie : © Ovsyannikova Ekaterina/Shutterstock ; oison : © s_oleg/Shutterstock ; renardeau : © Eric Isselée/Shutterstock ; ânon : © Eric Isselée/Shutterstock ; faon : © Eric Isselée/Shutterstock – **p. 62 :** piano : © lem/Shutterstock ; trompette : © Dario Sabljak/Shutterstock ; ballon de plage : © Le Do/Shutterstock ; harpe : © Ivonne Wierink/Shutterstock ; bobine : © Africa Studio/Shutterstock ; cymbales : © Timothy Geiss/Shutterstock – **p. 63 :** rose : © Tatiana Popova/Shutterstock ; portable : © Mungkhood Studio/Shutterstock ; télévision : © Hywit Dimyadi/Shutterstock ; ours en peluche : © Alex Staroseltsev/Shutterstock ; glace : © Fotocrisis/Shutterstock – **p. 65 :** mètre ruban : © Peter Vrabel/Shutterstock ; scie : © Colour/Shutterstock ; clou : © Sergej Razvodovskij/Shutterstock ; stéthoscope : © Skobrik/Shutterstock ; seringue : © Swapan/Shutterstock ; thermomètre : © Bombaert Patrick/Shutterstock ; marteau : © Paket/Shutterstock – **p. 67 :** enveloppe : © Alex Staroseltsev/Shutterstock ; fourchette : © MarFot/Shutterstock ; serviette : © Tobik/Shutterstock ; feuille de papier : © arto11/Shutterstock – **p. 69 :** printemps : © Peter Wey/Shutterstock ; été : © Jean Frooms/Shutterstock ; automne : © Liga Lauzuma/Shutterstock ; hiver : © Dudarev Mikhail/Shutterstock – **p. 70 :** grenouille : © Davit Buachidze/Shutterstock ; grand têtard : © Dr. Morley Read/Shutterstock ; petits têtards : © Wolfgang Staib/Shutterstock ; œufs : © Wolfgang Staib/Shutterstock – **p. 73 :** été : © Jean Frooms/Shutterstock ; hiver : © Dudarev Mikhail/Shutterstock ; bonhomme de neige : © photobank.ch/Shutterstock ; berger et moutons : © gualtiero boffi /Shutterstock ; sapin enneigé : © Kapu/Shutterstock ; marmotte : © sansa55/Shutterstock ; alpage : © Evgeny Murtola/Shutterstock ; vaches : © JuliusKielaitis/Shutterstock – **p. 75 :** tomates : © Yellowj/Shutterstock ; huile d'olive : © ilker canikligil/Shutterstock ; olives : © Khomulo Anna/Shutterstock ; sauce tomate : © donatas1205/Shutterstock ; vache : © Eric Isselée/Shutterstock ; compote de pommes : © Cogipix/Shutterstock ; pommes : © dionisvera/Shutterstock ; bouteille de lait : © NASTYApro/Shutterstock – **p. 77 :** fer à repasser : © Razumovskaya Marina Nikolaevna/Shutterstock ; glace : © ultrapro/Shutterstock ; arrosoir : © UniqueLight/Shutterstock ; tuyau d'arrosage : © Chepe Nicoli/Shutterstock ; théière : © silver-john/Shutterstock ; iceberg : © Christian Wilkinson/Shutterstock – **p. 79 :** graine qui germe : © Richard Griffin/Shutterstock ; graine : © Picsfive/Shutterstock ; plante : © marema/Shutterstock ; graine avec feuille : © Bogdan Wankowicz/Shutterstock.

N° d'éditeur 10104971 - Mai 2020
Imprimé en Italie par ELCOGRAF

C'est parti !

JEUDI 3

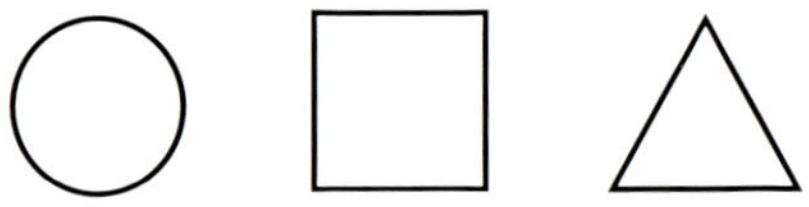

1 2 3

Page 7

E F I L

Page 8

Page 10

C O G D

Page 13

Page 25

K N Z
M W

Page 35

Page 37

Page 41

Page 44

Page 47

Page 48

Page 58

Page 55

Page 60

Page 64

Page 74

MARDI **JEUDI** **SAMEDI**

Page 78

Page 77